Copyright © 2022 by Venter and Associates Publishers

All rights reserved.

No part of this publication may be reproduced, distributed, or transmitted in any form or by any means, including photocopying, recording, or other electronic or mechanical methods, without the prior written permission of the publisher. For permission requests, contact poetry@vaapublishers.com.

The story, all names, characters, and incidents portrayed in this production are fictitious. No identification with actual persons (living or deceased), places, buildings, and products are intended or should be inferred.

Author Enid Kitty

Book Cover by Enid Kitty

Illustrations by Enid Kitty

First edition 2022

kentering

Enid Kitty

Enid Kitty is a young at heart poet who has journeyed through life.

She faced many challenges but refused to give up.

She made mistakes, collected memories, experienced loss.

She learnt to live life despite the hardships.

She traveled, she laughed, she lost her way, found her purpose.

This bundle is part of her story.

Stories of hope generate hope within us – encourage us to not give up hope.

May it encourage you to hold on to life when your path is dark and uncertain.

Don't give up.

Teken in en ontvang meer gedigte en informasie oor toekomstige publikasies in ons nuusbrief deur n epos te stuur na info@vaapublishers.com

Subscribe to our newsletter for more poetry and information about upcoming publications like this by sending an email to info@vaapublishers.com

New

and

selected poems

Volume 1

kentering in stilte	1
Kentering	3
Blou woordevloed	5
Baviaanskloof (Suid-Afrika)	6
'n Bondel verse	7
Mosaïek	8
bottervliegies en marmotte	10
Digter	11
Angel	12
The good listener*	15
die natuur	17
Dorsveld	19
Lugskou	20
Woestynroos	21
Hellevuur	22
Ysbeer-utopia	23
Kreef-te-gang	25
Karnuffels sit goud in die mond	27
Lente	28
Krag van die natuur	29
Broken	30
Aan diens	32
Labirint	33
Weerloos	34
Gefnuik	35
Rainbow	37
Met die maan gepla	38
Lente	39
Seisoene	40
Beyers Naude en ander	41
Oom Bey	43
Rageltjie de Beer	45
Adam	47
Toets geslaag	49
Sfeer	51
Drumpel	53
Selfvernietiging	54

Those hands …	56
Ongeluksvoël	58
Die mooiste Kaap	60
Cape Town	62
Skadu op Tafelberg	63
The last supper	64
Paaie die wye wêreld in	66
Kruispad	68
Ompad	70
cul-de-sac	72
Kransie op die draad	73
in the silence	75
Isolasie en nuwe lewe	76
Afgesonder	78
Embrio	80
Isolasie	82
Geïsoleerd	83
Is there anybody out there?	84
glas en onthou	86
Flentertjies glas	88
kaarthuis	91
die seer van onthou	93
In die kou van onthou	95
Vry!	97
Reflection	98
Soos mos	99
Glow	100

kentering in stilte

Kentering

Blou woordevloed

Baviaanskloof

'n Bondel verse

Mosaïek

Bottervliegies en marmotte

Digter

Angel

The good listener

Kentering
22 April 2011

Koud onder sy kaal voete is die omber grondwal;
'n onheilspellende stilte omgeef elke voeteval;
die wolke bol sy wange en snuiter die son se vlam uit;
die raafswart kraai kras 'n omen uit.

Groen mos omsoom die woud se voetenend af;
die kronkelende paadjies meander stroom-af;
sy gedagtes tol om en om; dolf herinneringe uit die klowe van onthou;
in die glinstering op die waterhond se rug hoor hy die lag van 'n vrou.

By die kromming van die stroom buk hy en skulp sy vingers om die krokusblom;
weemoed vleg deur elke weefsel, hartseer maak hom stom;
versigtig trap hy spore in die doodse stilte, soekend, strompelend voort;
in die vlak water van wanhoop, pluk emosies aan sy hart se koord.

Tussen die newels breek 'n sonstraaltjie deur;
Hoop vlam op soos 'n aangename geur;
Kenter die hopelose flentersheid;
'n ommekeer is nodig… 'n nuwe alfa spruit uit.

Blou woordevloed

Die pen se blou inhoud
lê van oewer tot wal,
stoot op tot die vloedmerk,
bruis vol bravade teen die wand.

Woorde maal woedend, tuimelend, yskoud.
Visse en frases, tol rondomtalie-mal.
Die blou skop woes teen dit wat beperk,
gooi vererg nog 'n klip teen die kant.

Die blou beur met moeite deur die skeur.
Veeg die eens magtige keer-muur weg.
Die vloed van woorde spoel uit op die blad.

Baviaanskloof (Suid-Afrika)
23 September 2018

Dis in die vredigheid van Baviaanskloof
waar jy die tyd terugkry,
wat die geskarrel en gejaag na wind
jou tot op die been gestroop los.

Dit is hier waar die roesmoes verdoof;
Jy diep teue berglug kry;
Waar stilte die gejaagdheid verslind;
Jy moed skep in die bos.

Perspektief kom maklik hier in die kloof -
Bekamp jou vrese, maak vry…
Ver van jou skade, word jy weer kind;
skud rowwe grondpad, siele-vrede los.

Dis in die vredigheid van Baviaanskloof
waar jy die tyd terugkry
wat die geskarrel en gejaag na wind
jou tot op die been gestroop los.

Baviaanskloof Suid-Afrika – Enid Kitty

'n Bondel verse
5 Julie 2006

'n Bondel verse
is al wat ek jou kan bied -
dit spreek van lief en vrese,
nooit is dit vol verdriet.

'n Bondel verse
is al wat ek jou kan bied -
dit spreek van hoop uit as verrese,
nooit is dit morbied.

'n Bondel verse
is al wat ek jou kan bied -
dit spreek van die elkedagse,
of situasies wat verskiet in die niet.

'n Bondel verse
is al wat ek jou kan bied -
dit spreek van my diepste wese,
nooit is dit rigied.

Mosaïek
15 September 2006

Die lewe slaan ook soms
ons drome fyn tot flentertjies glas
Kou ons ideale met die teëlknipperlemme fyn
Laat ons harte breek van pyn
Sterre in ons oë verskiet tot 'n ligstraaltjie klein.

Flentertjies glas
Netjies langsmekaar gepas
Voegbry veer versigtig tussendeur,
hou als op hul plek, perfekte plasing, onversteur.

Eendag sal jy terugkyk
Die mosaïekwerk van jou lewe bekyk
Die hartseer; die mooi; - hier gestryk, daar ongelyk
Waar eens trane was loer die sonnetjie van aanvaarding nou uit.

Groen glasskerwe vir vrede
Geel vir die warm van 'n vriendskapstraal
Rooi vir passie wat die liefde baar
Blou vir dit wat ons nie kan verander nie, maar moet aanvaar

Swart vir die dood wat onverwags sy opwagting maak
Wit vir die siel se versugting na sy Maker – die Een wat sy ingang en uitgang bewaak.

bottervliegies en marmotte
2 September 2009

soms vlieg iemand in jou lewe in soos 'n bottervliegie wat van blommetjie na blommetjie dartel
so 'n persoon is nie bedoel om jou lewe oor 'n lang tydperk te verryk nie
so 'n persoon voeg bloot kleur en geur aan jou lewe vir 'n kort tydjie en dan is die persoon weg.

ander mense kom jou lewe half ongemerk binne, soos 'n marmotjie wat skaam-skaam binnesluip
so 'n persoon kruip stadig in jou hart en lewe in, maar is daar om te bly
so 'n persoon voeg waarde aan jou lewe toe en dit oor L A N G tydperke en jy weet dis sommer net reg.

hetsy jy 'n bottervliegie of 'n marmot in iemand se lewe is, doen moeite met jou vriendskappe
ons kan nie sonder vriendskappe in ons lewens gaan nie
vriendskappe bou bruggies oor onseker, maak paadjies deur ons emosie-oorgroeide siele
vriendskappe bou ons as mense, help ons om elke dag deur te sien
help ons om die mooi in die lewe raak te sien - veral as ons net donker sien

Digter
9 Februarie 2007

Uit die vrugwater van die pen
Dryf geboortepyne dit voort
Baar die ink 'n woord
Vloei gedagtes onverstoord
'n gedig wat sy menswees vaspen

Angel
4 May 2016
There's an angel in every woman
with a need to spread her wings.
A child that seeks protection,
soft hands reaching for the stars…

There's a seraph in every woman -
joy surrounds her like Saturn's rings.

In her eyes smouldering passion,
longing for an inhabitant of Mars.

There's a cherub in every woman.
She is courageous, truly amazing.
Innocence is tattooed on her velvety skin.
Attitude protects her heart against scars.

There's an angel in every woman
with a need to spread her wings.
Like a child seeking protection,
soft hands reaching for the stars.

The good listener*

The tree's silhouette stands guard as the sun sets on another day.
A withered leaf launches from the runway on the branch.
The ride down to the ground is adrenaline-charged!
Like a feather it lands softly on the bench below,
here it dawns on it, it has reached the end of the line…

Persistently her will to survive guards her from getting in harm's way
She refuses to allow the past to reign over her days with carte blanche
Facing life's challenges, being elbowed, and barged
Her faith builds her strength for landings beyond today and tomorrow
It makes her fruitful, like the fruit of the vine in its prime.

The park bench keeps watch over the footprints in the walkway
Provides a place of rest for the weary, cemented firmly and staunch
Unable to give guidance to the life questions posed
Devotedly listening to the whispers of despair, of sorrow -
Soft-spoken brabble, without reason or rhyme.

*Cambridge Advanced Learner's Dictionary & Thesaurus © Cambridge University Press – a good listener
someone who gives you a lot of attention when you are talking about your problems or things that worry you and tries to understand and support you. Sympathy and compassion

die natuur

Dorsveld
Lugskou
Woestynroos
Hellevuur
Ysbeer-Utopia
Kreef-te-gang
Karnuffels sit goud in die Mond
Lente 2012
Krag van die natuur
Broken
Aan diens
Labirint
Weerloos
Gefnuik
Rainbow
Met die maan gepla
Lente 2006
Seisoene

Dorsveld

In die kwistige koelte van die blare 'breel
Bekoekeloer die vrug haar loer-loer.

Die steeltjie sap spuit-spat.
Rooi rondborstige rondings
pas perfek in haar pan-palm.

Vrug van die lewe smaak frank op haar verhemelte
Sy waarsku-woorde, wroeg haar gewete

Al wat egter oorbly is 'n appelstronk…
mensdom vasgevang in dood se tronk
Dorings en dissels sy dorsveld

Lugskou
4 Februarie 2007

Parallel met die grootpad
Lê 'n turkoois seeblad
Geen golf te bespeur;
Eindeloos plat tot aan die verre westerkim;
Blinkoog lê dit uitgespan voor die son se middagglim.
Die naaldekoker helikopter oor die tuindam.
'n verdwaalde seemeeu sweeftuig hoog in die lug;
'n By in 'n streeptrui loots kortafstandritte
Groen grasspiete staan hande in die lug –
Wuif vir die skoenlapper in sy alleen verbyvlug.
In die stilte kom die enigste wanklank
Die gedreun van 'n wit spikkel klank.
En op die tuinbank
Land 'n lieweheersbesie mank-mank.

Woestynroos

'n Enkele roos in die barre woestyn,
bloei innerlik hewig van alleenheid en pyn.

Ontknoop jou siel liewer wa-wyd oop.
Soek verligting vir jou diepste sielenood.
Mymer hoopvol oor 'n koel oase-oog,
waar water welkomend jou bestaan sal gedoog.

Geharde woestynroos, brose woestynvrou…
maak oop jou hart vir die liefde se dou,
gooi af die sielemasker, die styfpassende doringjas.
Los die verlede se geraamtes diep in die kas.

Ervaar diep binne hoe roer lewe
adem in nuwe vrede en rus
maak gereed vir die liefde, 'n nuwe strewe
dit sal jou heelmaak en verfris.

Hellevuur
1 Februarie 2007

In 'n vlammehel se gloed
Sweet brandweermanne bloed
Vuurtonge verteer Mandelabaai.
Die suidwester bol sy wange
In die Van Stadensrivierkloofhange
Verskeie veldbrande verteer Mandelabaai.
Emmers, helikopters, tuinslange
Word ingespan teen vlammende vuurtonge
Hellevuur verteer Mandelabaai.

Ysbeer-utopia

Die nag forseer sy koue vingers oop;
Daglig streep tussen sy vingers deur.
Dis ysbibberkoud.
'n Bevrore toneeltjie begroet die kiewiet waar sy uit haar nessie loop;
Daar lê 'n wit veertjie voor my huis se hortjiesdeur.
Dis bibbertandkoud.

My spore loop kronkelend deur die blink druppeltjies dou,
Warm asems stoomtrein soveel patroontjies deur die koue lug,
Dis 'n ysomgewe, dooie seisoen.
Die koue knel my emosies, laat my menswees bedruk en grou;
Ek verleng my treë om van die koue te ontvlug.
Wyl die son 'n soen plant op die aalwyn se groen.

Die son trek sy jas stywer vas oor die oosterkim;
Met 'n bontgestreepte serp snoesig om my toegevou
verlang ek na die somer; sonnige tye saam met jou.
Die luggie begroet my met 'n snerpende grim;
In 'n veryste, vreemde seisoen voel ek soos 'n vreemdeling
in 'n ysige ysbeer-Utopia vasgevang.

Die aalwyne steek orange tonge uit na bowe,
koggel 'n geitjie wat onder 'n bottergeel blaar uitkom;
'n Verflenterde boemelaar kry hitte by 'n vuur in 'n drom.
En Ouma bekyk die wêreld deur haar kamervenster se oë,
Warm toegewikkel onder 'n selfgebreide blokkieskombers -
die blou omring wit golfies, 'n strand se geel, 'n skulp se lilapers.

Kreef-te-gang
20 Oktober 2006

In die baai van my gemoed
is 'n storm aan die woed.
Dis als-bitter in my mond.
My hart is diep verwond.

Teleurstelling golf sonder ophou of keer
op die eensaamheid van my gemoed se strand neer.
Seewier, dryfhout 'n seeumeeu se veer,
'n soom sonder hoop soos die see retireer.

In die baai van my gemoed
is 'n storm aan die woed.
Met die breek van 'n nuwe dag
kondig dit heling aan vir die wat daarna smag.
Jy kan wel nie keer dat 'n seemeeu oor jou sweef,
maar jy hoef nie toe te laat dat negatiewe situasies bly kleef.
Volg eerder die weg van die kreef.
Beweeg sywaarts weg van dit wat jy beleef.
Leer om opreg en van harte te vergeef.
Begin dan van voor af jou lewensdoel na te streef.

In die baai van my gemoed
het ek die storm gegroet.

Karnuffels sit goud in die mond

Die rooi, geel en oranje blaartapyt knars krakerig onder die voet van myn,
Doellose treetjies meander deur die woud se voorportaal.
'n Eensame figuur styf toegewikkel in serp en jas.

'n Koperkleurige blaar sweeftuig met grasie na die voet van die jasmyn.
Onder die misgordyn bibber bladwisselendes kaal.
Wit spookwasem ontsnap en verpletter teen die bas.

Eende wapper protesterend op vanaf die dam se wang,
versteur deur die wandelende figuur se gang
wat koersloos oor klippe, mosgroen en bos
haar lot bekla met traanspoor en klos.

By die nerf-af boom neffens die kabbelende waterstroom
hang sy die verbrande vlerke van haar droom…
Dieselfde ragfyn vlerke waarmee sy na die son wou reik
toe dit nog somer was, daar onder die lowergroen eik.

Hier tussen verlange, tak en blaar,
teug sy hoop in vir die onbekende voor haar,
Sy skep 'n handvol goud-en-bronsgepunte blaar
Gooi dit oor haar geliefde steekhaar
Eggo die baldadigheid van haar getroue Karnuffels salwend
diep in haar siele-wond.
en vir 'n vlietende oomblik het die oggendstond goud in the mond.

Lente

2012

Die natuur hang sy as-kleurige jas
oor die kapstok van die seisoen.
Haar klokhelder lag eggo teen die boombas vas,
Takke stokman oor die landskap sonder groen.

Die sonnige warmte van haar stem
dring deur die saadhuisie se wand,
ontset die krag vir groei bestem –
'n nuwe lewe beur deur die barre braak-land.

Die reën druppel op die kaal takkies neer,
Traanspoortjies biggel af teen die stam,
'n miniatuur reënbogie knip-oog in die sfeer
En in die geswolle botsel ontwaak 'n lewensvlam.

Krag van die natuur
3 Augustus 2006

Met intense verlang
het die dorre aarde na reën verlang.
Die belofte van reën het die kim volgelê,
'n swaar kombers het net bokant die horison gehang.
Die eerste vlae reën het oor die dorre aard begin suis,
aangejaag deur 'n stormsterk wind.
Weerligblitse het rond en bont in die donker geblink.
Klein voortjies water het saamgevloei tot een magtige gedruis.
Plant, stomp en afgeskeurde takke,
plastiese houers, blare en houtrakke,
motorwrakke, sinkdakke, willoos meegesleur.
Waters wys skuimend tande,
spoeg water tot teen huise in Amsterdamhoek se voordeur.
Brue in Uitenhage, Despatch en Baakensrivier –
verbrokkel deur die woedende monster van 'n rivier.
Niks word ontsien – geen status, geen buurt, geen muur.
Lewensverlies toe watermassa motor meegesleur –
vierjarige kind word ewigheid instuur.
Die grootsheid van die chaos bring mense in beweging.
Helpende hande reik uit na mense buite hul kring.
Helikopters naaldekoker oor spartelende mense.
Barmhartige samaritane help talle uit doodskake terugbring.
Die volgende oggend met die nuwe dag se breek,
was die kruis van vier maande se waterbeperkings gebreek.
'n Reënboog verskyn in 'n kleurvolle Josef se kleed.
Op die see en in die metro – almal juig dankbaar in die streek
oor die uitkoms in hierdie afgelope week –
die droogte is finaal gebreek.

Broken
10 September 2011

Don't expect me to heal your broken spirit
or to mend your shattered soul.
I don't have answers to all your questions –
like birds in the open skies they soar.

Your thoughts are like the outstretched grasslands of Africa.
Memories play hide and seek in the tall, yellow grass.
Loneliness is the shadow at your right hand.
Clouds of desolation fill the summery day.

Futility eroded pathways on your forehead.
A creek trickles from the corners of your eyes,
Running its course over your cheeks,
splashing droplets on the red African soil.

The path you're on is the one your feet will grace…
no matter how difficult the journey may be,
or what you'll have to face –
put your trust in me, I'll be there all the way.

Though I can't walk a mile in your shoes my friend,
My footprints will leave their marks alongside yours.
The Southern Cross will guide our direction…
harmony our partner, contentment the wind beneath our wings.

Aan diens

Die vuurtoring se oog flits oor die baai.
Ek sien dit van ver – van diepsee, strand en kaai.
Die swart vlerk van die nag
sprei stadig uit en verberg die dag.
Voethoë branders klots skuimend teen die tande van die rots.
Eenoog sal keer dat 'n boot hierteen bots.

Trots staan hy daar, fier
met 'n wit kleed versier.
Om sy voete buig hout, alg en wier
Storms kan maar tier;
Hy kan al die elemente verduur.

Labirint

2012

In die doolhoof van onuitgesproke emosies
strompel sy struikelend voort wyl gevoelens
sirkelend rondomtalie en die blare-muurskans
en vrees elke beweging strem en ingrens.

In die doolhof van onuitgesproke emosies…

Weerloos
23 April 2013

Die tonge lek dorstig aan die huis se fondament,
wyl die steen-skans weerloos staan ... vasgesement.

Vlamme spoeg 'n vuurwerkvertoning teen die muur op;
En vingers vuur reik besittend om elke kosyn en deurstop.

'n Knellende helle-greep weier om te laat los,
Dit verteer als wat voorkom, huis, haard en bos.

'n Oranje, ondeurdringbare vlamme-see
verspoel 'n leeftyd se herinneringe ... die wel en die weë.

Rook krul versmorend om elke draai en hoek;
Laat alles hortend, 'n lewe weg uit die groot lewensboek.

Gefnuik

23 Mei 2006

Die aarde se tong kleef aan sy verhemelte vas.
Blomkoppies se vlaggies hang droewig halfmas.
Grasspriete weier bot om deur aardkors te tas.
Wind uit Noord-oos skuur oor boom, bos en bas.
Na maande se beloftes in die hemel se ruit
Gooi ons hoopvol die welkom-matjie uit
voor sonop een oggend word droogte gestuit
gieters water kom uit grou hemel gespuit
die geute is dankbaar – hul word weer gebruik
stroompies stort gretig in die aarde se kruik
ontluik dorre aarde met die heerlike ruik
van water op droë aard' – die droogte gefnuik.

Rainbow

A spectrum of light arches high in the sky.
Stretching out her arms to see how far she can fly.
Gently touching an aeroplane that's murmuring by.
Glancing at the birdies; admiring a butterfly.

One hand in the east, another touching west.
Diamante droplets glistening on the leafy forest.
It is time to work; there is no time to rest.
Proudly guarding mother earth, that's what she does best.

Her multi-coloured garment of red, orange, blue,
yellow and indigo, a dash of green too.
Showing off her violet hair band; a soft purple hue.
Enjoying the panoramic, the lovely African view.

A spectrum of light arches high in the sky,
touching the wings of the blue butterfly.

Met die maan gepla

2 Maart 2010

Ek pluk 'n volmaan uit die nag se fluweelsak.
Werp dit met mening tussen die flonkerende dak.
In die stilte van die nag fluister die golwe jou naam.
In die breek van die branders koggel die vuurtoring die maan.
'n Seemeeu se gekrys eggo my hart se verlang.
Die maanstraal probeer 'n vuurvliegie vang.
'n Goue maanstraal flits oor die see se swart pensvel.
Vrede sweef oor die water… stilte sy metgesel.

Lente

1 Oktober 2006

Die lente is hier! Trompetter daglelies dit uit.
Winter is verby, haal jou mooiste blommeprag uit.
Wit jasmyn-sterre pronk speels tussen donkergroen loof;
soet lentegeure hang swanger oor tuin, veld en kloof;
swaelstert swaeltjies swiep swierig oor die laan
wyl witgespikkelde "ïce berg" rose op aandag staan
bye zoem om pers heuningblomkoppies;
bottervliegies dartel tussen wit meidoringdoppies.

Seisoene

Groen vloei tydsaam uit die blaartjie se aar;
Geel en bruin ink verkleur stingel en blaar.

Blaarsap verdor voor die blaartjie afskeur;
Fladder af grond toe, na voetpad en skeur.

Bloeisels kleur beur deur die takkie so kaal;
Pienk en wit pom-poms aan stingels so vaal.

Uit olyfgroen oksels ontplof 'n blare-dos;
Baldadige blomme, gestring in 'n bos.

Beyers Naude en ander

Oom Bey
Rageltjie de Beer
Adam
Toets geslaag
Selfvernietiging
Sfeer 2010
Drumpel
Those hands
Ongeluksvoël

Oom Bey
(10 May 1915 to 7 Sept 2004)

Your young boy footsteps left their mark
on the dirt roads of Graaff-Reinet.
Through the silence of the historic Karoo town
a son of Africa was moulded from the clay.
Theology guided your path, whilst others' consciences seemed to have gone dark.
You studied sociology under Verwoerd, the apartheid architect…
Before long, your conscience would break the barriers down.
Barriers erected by the rulers of the day.

Protesting their lack of freedom of movement,
69 black protesters shed their blood and died…
Their goals, dreams and aspirations filtered into the ground.
Sharpeville was etched on South Africa's mind.
Side-lined politically and threatened by imprisonment,
you still assisted resisters of apartheid.
You restored old trucks to help them move around…
This underlined your nature, so generous and kind.

Steadfastly you rejected every Apartheid horror
and were marginalized by Afrikaners as a leper.
Facing trial, imprisoned…troubles road-mapped on your face…
Continuously championing the release that would end
Mandela's hardship.
The ashes of the man who'd looked in the mirror
and never saw anything else but an Afrikaner,
found its last scattered resting place
in the heart of Alexandria's township.

Rest in peace, oom Bey. Rest in peace

Rageltjie de Beer
14 Januarie 2007

Ek dink vandag weer
aan Rageltjie de Beer.
Sy't haar boetie se lewe begeer en krul haar lyfie voor die
miershoop se deur.

Rageltjie, Rageltjie
Rageltjie de Beer
Wat het daar binne,
in jou hartjie gebeur,
die dag wat jy jou lewe
vir jou boetie sou gee?
Ek dink vandag weer
aan Rageltjie de Beer.
Sy gee haar jongmens lyfie teer,
lê dit in plek van haar boetie se lewe neer.

Rageltjie, Rageltjie
Rageltjie de Beer
Wat het daar binne,
in jou hartjie gebeur,
die dag wat jy jou lewe
vir jou boetie sou gee?

Adam
Junie 2006

Adam loop vanaand weer vyf rye spore.
Hy lag oopmond
al het hy geen hoop vir more.
Hy slenter rond en bont.
Waar tande eens knus gelê het,
gaap daar plek-plek donker vore.
Sy onpaar skoene is verslete
Deur broers en susters vergete.
Spore van swaarkry, hongerkry
Is kruis en dwars oor sy gesig gekaart.
Verflenterde baadjie wapper punt in die wind.
Alleen op die aarde.
Geen enkele kraai of kind.
So boemel Adam voort.
Hy is 'n bekende in ons buurt
Hy is jonk in jare,
in swaarkry 'n bejaarde.

Toets geslaag
14 Mei 2006

Die lewe het Job swaar houe geveeg.
Alles was weg, sy lewe was leeg.
Al eggo sy eengesprek voor dooiemansdeur
kan selfs 10 kindergrafte hom nie van sy God wegkeer.

Daar is geen uitkoms in die pyplyn.
Geen hoop met die hanekraai se refrain.
Selfs wederhelf hits hom aan…
draai jou rug op God – maak reg om die dood in te gaan.
Dit alles kon nie God se plan ondermyn.
Al was Job hopeloos, het die Hoop in sy lewe bly skyn.

'n Eens aanskoulike, trotse liggaam tydelik bederf,
bloeiende vingers krap die sere met 'n potskerf.
Sy kreet galm deur die stilte – het ek maar eerder by geboorte gesterf!!

Sy vriende dink sy vroomheid was bloot skyn.
Hy't die pad byster geraak en daarom sit hy nou in pyn.
God wys hul tereg.
Julle is verkeerd, my vriend Job is reg.

Job het die toets deurstaan.
God het gepraat en sy vriende het verstaan.
Job was onskuldig – in die regte baan
God seën hom weer
met kinders, vee en graan.

Sfeer
2010

Vir twee dekades brand jou lewensvlam reeds helder
Gaan die skadus van gister nou ook die hede kelder?

Dis 'n totale vreemdeling wat sy sit voor my kry.
Gaan jy antwoorde op die vrae in jou jong gemoed kry?

Blou poele oë met spikkeltjies goud,
omraam met stille onsekerheid, dit laat my benoud

Woorde spoel oor jou lippe, priemend deur die verlede,
antwoorde oor die verlede bring verligting in die hede.

Die vredige saamwees verdryf die vrees uit my hart.
Vrede bou 'n brug oor die verlede, verdryf al die smart.

Die verlede vat hande met die hede, vorm 'n volmaakte sfeer
'n klippie van onthou val in die water, vorm sirkels op die meer.

'n Skoenlappertjie dartel vas teen 'n ruit
Agter hierdie glasversperring wil sy baie beslis uit.

Drumpel

(opgedra aan 'n geliefde seun wat die nes verlaat)

Dit voel soos nou die dag dat jy nog 'n penkoppie was
Toe jy nog op my moederskoot kon pas.

Die stampe en stote van grootword het jou vel gekneus
Daar was steke in die voorkop, gereeld bloed iewers gewees.

Jou dors na kennis was vroeg te bespeur
Jy wou weet hoe werk alles, waarom moes als gebeur

Skaars baksteenhoogte wou jy graag lees
Jou neusie was vir ure in die kleuter-boeke gewees.

Jy't gereeld ons geduld beproef en die grense uitgedaag
Reëls moes gebreek word en kanse is gewaag.

Die grootmens wêreld wink
Na dit wat daar buite blink.

Ontdek en volg jou eie passies en trap diep spore in die grootmens stad
Ons dink met liefde aan jou, elke treetjie, om elke draai, elke pad.

Selfvernietiging
28 Februarie 2006

opgedra aan 'n geliefde onderwyser

dowwe oë wat 'n skynbaar-donker toekoms instar
korreltjies hoop wat uurglas-tempo taan
naderende ouderdom erodeer lyf gedaan
in 'n doolhof van hoekoms en waaroms
word die wil om aan te gaan verjaag
die inherente drang na oorlewing
wat stadig maar seker vervaag

sms flits onwelkome boodskap
lewensverlies na vroeë-oggend skoot klap

Hartseer familie en vriende,
Gebroke, vooroorgeboë..
Platgeslaan…
Mateloos hartseer…
Traanverspoelde oë…

Wie sal ooit die daad verstaan?
Onvertroosbaar…
Wat het dan die daad gebaar?
Vrae onbeantwoord, onverklaar.

Those hands …
7 October 2014

Once, those hands lay gently on her expectant belly.
Those hands felt you kick your first kicks against the womb of life.
Those hands clenched into fists as you made your way into the light.
Those hands reached out to hold you close for the magical first time.
Those hands heard how the wonder of you took her breath away.
Those hands gently followed the contours of your baby face.
Those hands wanted to care for, guard against, protect…

When you were sick, she prepared colourful jelly.
When you were disappointed, she tried to make sense of the strife.
When you made mistakes, she showed you what was right.
When friends scarred your self-worth, you tasted life offering you a lime.
When your first love appeared, stealing your heart away.
When you lost that final match, that all-important race.
She was encouraging you with wisdom, kindness, and respect…

Ongeluksvoël

Venynige woorde stuur skokgolwe tot in haar siel.
Swart oë weerlig oor die vlaktes van haar gemoed.
Vingers vlek rooi strepe oor haar wang.
Onbeheersde woede plof teen haar tenger lyf.

Die trap kraak kliphard deur die koue huis.
Haar protesterende lyf tolbos die trappe af.
Die aarde slaan bollemakiesie voor haar oë verby.
Die dwarshoute kneus haar eggo, haar hart, haar lyf.

Sy probeer haar toegeswelde oë oopforseer.
Die sonlig streep deur die spleet in die gordyn.
Haar vingers voel die gestolde bloed in haar kuif.
'n Trop wilde perde gallop van haar kroon tot haar toon.

Haar hart hunker na 'n staakvuur; dat hy sal ophou om haar te verniel.
Sy wil wegkom van die donderstorm wat voortdurend om haar woed.
Sy's moeg vir die hardloop, die einas, die bang.
Agter die toe deur knoop kneukels om die deurknop, elke senu in haar lyf verstyf…

Die mooiste Kaap

Cape Town
Skadu op Tafelberg
The last supper

Cape Town
2010

Table Mountain, dressed in a majestic blue gown,
protectively guards over yachts sardined in Table Bay.
The Mother City sleeps peacefully in darkness below.
Bloubergstrand slumbers in the distance, lovers picnicking on the beach.

Devil's Peak on his left side – displaying a rocky frown.
Lion's Head to his right, within an arm's length away.
Breakwater Prison – students roving to and fro,
a ferry keeping tourists within Robben Island's reach.

Cape Town...
A city for lovers and those who seek love,
We visit; we leave you, a tear in the eye.
A mewing seagull effortlessly soars above
bidding us a noisy and fond good-bye.

Skadu op Tafelberg
1 Mei 2011

Die aardgees sweef oor die aardgewelf
tot waar die wolkie afdwarrel op die sittende elf -
daar waar hy oor die mikrokosmos uittuur.

Die aardgees wriemel hom uit die greep van die wind;
Vlug met die wentelpad, vind 'n laggende kind
daar waar hy 'n gebottelde boodskap die golfies instuur.

Die aardgees trippel 'n patroon uit op die soom van die strand;
Steek tong-uit vir Klaasvakie wat kom skep van die korreltjie-sand,
gereed om sterflinge na droomland te stuur.

Die aardgees hervat sy vlug en vat koers na die kroon van Tafelberg
tot waar my eensame skadu die hartseer probeer verdwerg…
En 'n afvlerk-skoenlapper sig-sag verby in sy noodlots-uur.

The last supper
25 July 2011

A white cloth drapes Table Mountain steep.
At the Twelve Apostles' feet
the Atlantic flows blue and deep,
watches as tears from his soul seep.

In the large upper room,
there is a gathering of a selected few.
They have come to prepare
for the final supper,
a final remembrance meal.

Greed prepared the way to a tomb,
The window of his soul offered a view
of a heart carved in stone, bare.
It's the final supper…
the final remembrance meal.

He offered a single piece of bread
to identify the traitor.
Red droplets on the tablecloth condemned the conspirator.
The lonely path to Golgotha was just ahead.

Paaie die wye wêreld in

Kruispad
Ompad
Cul-de-sac
Kransie op die draad
In the silence

Kruispad
2010

Onsekerheid kruistog die mure van my lewe binne,
beroof my van vrede, verower my sinne.

'n Skoenlapper dartel om die pers blom van die kruisbessie.
Ek soek vergeefs na raad uit Wysheid se flessie.

Die kruispad strek ver op die gesigeinder voor my uit.
My voet kneus die kruisement, niks kan die welriekenheid fnuik.

Ek maak 'n kruisie aan die balk, dink aan 'n vreugdevolle dag.
Nou is ek egter somber, op pad na 'n veldslag?

Met ingehoude emosie nader ek die onvermydelike kruispunt.
Ek flikker 'n munt in die lug op - wat gaan dit wees, kruis of munt?

Ek gaan sit kruisbeen waar die paaie swaarde kruis.
Die eengesprek in my kop laat my ore behoorlik suis.

My arms kruis beskermend oor die vroulike sagtheid van my vlees.
Ek soek na 'n antwoord, watter rigting sal dit wees?

'n Kruisarend sweeftuig daar hoog in die lug -
'n enkeling in wroeging, alleen in sy vlug.

In die hitte van die middag baar die stilte 'n besluit.
Ek gee 'n eerste treetjie, 'n onbewandelde pad lê voor my uit.

Ompad
11 Junie 2006

ompad, woestynpad
warm, wrang, worstelpad
verskeie skakerings bruine
gevorm uit korreltjie-sand duine
afgeëts teen die skemer se rooi
my God, my God
waarom het U my verlaat?
My aan myself in hierdie duine-hel oorgelaat?

Die ompad is 'n toetspad
Waar ek leer om aan God vas te hou
Om Hom kinderlik, bo alles, vir hierdie dag te vertrou
Lucifer lag sag, smalend in sy mou
"kom ons kyk hoe vinnig jou danige liefde nou
vir jou Meester verflou"
U alleen weet
Hoekom ek op hierdie ompad moet wees
'n kortpad sou te kort wees
om als van U te leer wat ek moet weet.
Strompelend struikel ek swakkerig voort
Oor sandduin en dor-droë terrein
My fokus weer helder, onverstoord
Hy sal my voetval op die ompad begelei
My eindpunt is seker
Sy hand beskermend om my lewensbeker.
Dankie, dat U my nooit verlaat nie.
My nooit aan myself oorlaat nie.

cul-de-sac
21 Julie 2006

Baie mense bevind hulself in 'n cul-de-sac…
Uit hierdie doodloopstraat
voel hul van die wêreld en alle hoop verlaat.
Baie mense bevind hulself in 'n cul-de-sac…
Vanuit hierdie keerweer
gaan jy nooit kom nie, word daar beweer.
Baie mense bevind hulself in 'n cul-de-sac…
Vanuit hierdie keeromstraat
voel hul absoluut tot niks in staat.

Baie mense bevind hul in 'n cul-de-sac,
maar weier om die ooglopende te aanvaar -
Om te aanvaar daar is geen salf te smeer
aan die situasie waarin hul verkeer.
Diesulkes sal bo hul situasie uitmasjeer,
want hul kies om negatiewe gedagtes uit te negeer
En eindelik wanneer die gevaar dreineer
en hul kan terugkyk op die moeilike tye van weleer
sal hul uit die foute van die verlede leer
en in die toekoms na groot hoogtes keer.
Jy kan ook jou situasie omkeer
en dit bereik wat jy vir jou lewe begeer.

Kransie op die draad
8 Julie 2006

top werkverrigting en versnelling in die hoogste rat
die kragtige masjien neurie sagkens op die vaal suidkuspad
die moeë vragmotorbestuurder se lyf ruk toe hy aan die slaap raak
van blote skrik fokus hy vir 'n paar meter weer op die breë ooppad
probeer die vaak se pogings ignoreer
kyk stip hoe die wit lyn stippel op die teer
die mede-bestuurder se kop knik-knik deur elke duik
hy's lankal in droomland – laat rus sy kop teen die deur
skreeuende bande protesteer voor die vragmotor deur die N2 relings knars
wanhopig probeer die bestuurder die rem-pedaal oorhaal
om die magtige masjien tot stilstand te bring – hy faal
die remme weier verskrik – die kragmasjien swaai effe dwars
'n onbekende vrag in houers van metaal
du die vragmotor dwarsdeur die heining
bo-oor die swembad tot in die aangrensende erf
'n oorverdowende slag word gevolg deur stilte... iemand sterf.
'n seemeeu kras droewig die doodstyding
die bestuurder se maat kreun in erge lyding
noodseine weergalm deur die kil oggend-lug
flitsende blou- en rooi ligte in vlug
na die ongelukstoneel – almal is stug
in elke huis klink die boodskap op die lug
fratsongeluk...ernstig beseerdes...verkeer tot stilstand by brug
omstanders drom nuuskierig saam om die ongelukstoneel
soos meerkatte uit omliggende pad, erf en perseel
die brandweermanne krioel spoedig heen en weer
polisie en insleepdienste moet hier help, daar keer
'n paar dae later pryk 'n kransie op die draad
hier't 'n geliefde gesterf
deel van padsterfte-statistiek geraak
mooi herinneringe vir ewig in harte uitgekerf.

in the silence
4 January 2012

It was raining softly.
Though emotion was absent from her face,
the little girl's inner soul was filled with turmoil.
She hated the feelings of mayhem that crashed down on his heart's walls.
The unexplainable longing to be held, to be protected, to be looked after… but alas!

She was all alone.
As silence embraced her timid body and emptiness appeared to fill every crevice in her soul, she opened the drawers of her heart – slowly unpacking the hurtful feelings of rejection; wandering through the maze of uncertainty; meandering along the roads once traveled, the places once seen, the people who had crossed the winding roads of her life…

Isolasie en nuwe lewe

**Afgesonder
Embrio
Isolasie
Geïsoleerd
Is there anybody out there?**

Afgesonder
18 April 2007

Afgesonder van die daaglikse gewoel
Lê pasiënte netjies in rye, langs elke bed 'n stoel.
Die skoon hospitaalreuk vul jou neusgang.
Dokters in wit haastig oppad in die lang gang.

Hysbakke sien die trane
uit oopgedraaide traankrane,
Sien hartseerspore oor mensewange,
Hoor troostelose jobgesange.

Bloemis assistente skarrel heen en weer
om vaal hospitaalkassies in te kleur.
Geel krisante vertel van somerweer;
Groen loof beloof groei na die seer.

Afgesonder in die greep van pyn
beveg jy jou toestand, die hartseer, die skyn

Embrio
14 Julie 2006

Sigoot
spruit uit liefdespel -
verdeel verskeie keer sonder bevel,
vorm 'n genetiese weefselbel.

Endometrium ontvang gretig die mensie in haar skoot
wyl buitenste selle die lewensdraad uitstoot
kom nutriente die selmassa ingestoot.

Spoedig vorm 'n miniatuurmensie -
35 slapies verder klop die hartjie;
vorm 'n stel longe en aan elke kant 'n niertjie.
Kritieke stadium verplig moedertjie
om te waak teen pil en alkoholgevulde plesiertjie -
anders kan vormende mensie
teen geboorte gelaat
word met gebreke sonder maat -
vir ewig geskaad.

Isolasie
2020

Virale inflammasie
Lei tot isolasie
Kommunikasie kastrasie
Angs manifestasie
Menswees waardasie
Geweeg…
Te lig bevind.
Geoordeel,
Goeie oordeel nêrens te vind.

Geïsoleerd
6 April 2020

Nasionale proklamasie
Laat bevolking ingeperk
Soos diere in huis-hokke
Vryheid van beweging beperk

Eensame isolasie
Laat mense van huis af werk
Soos marmotte al in die rondte
poog hul die angs-situasie verwerk

Is there anybody out there?
5 November 2011.

A small child caught up in the prison of lies
Hands grasping to passers by
"Please help me…", she cries
Is anybody out there?
Is there anybody there at all?

This is an urgent SOS call
A distress signal for help
Is anybody out there?
Is there anybody there at all?

Here, holding on to the monsters of today
Holding on to the ghosts of yesterday
Is there anybody out there?
Is there anybody there at all?

Carefully camouflaged scars of yester-year
Living a life of fear
Is there anybody out there?
Is there anybody there at all?

glas en onthou

Flentertjies glas
Onder in die glas
Kaarthuis
Die seer van onthou
In die kou van onthou
Los my alleen
Vry!
Reflection
Soos mos
Glow

Flentertjies glas
5 November 2009

my hande is stukkend, my hart vol verdriet
gedagtes oorlopens, vergeet is verniet
fyn flentertjies glas sny diep in my siel
jou woorde van seermaak, vertrap en verniel
jou vlymskerp gesindheid, deurspek met geweld
wil altyd in alles jou begeertes laat geld
die krag in jou woorde
slaan my skoon uit die veld
versplinter my spieelbeeld, laat my klein en ontsteld
my hande is stukkend, my hart fyn geskiet
ek smag na 'n uitkoms uit hierdie gevaarlike gebied

Onder in die glas

Onder in die glas
hou jy my vas.
Die bruin vloeistof brander op die ys.
My tong voel swaar, my woorde onwys.

Onder in die glas
loer 'n geraamte uit die kas.
Die bruin golf spoel die grot binne,
maak die oomblik draaglik, verdoof my sinne.

Onder in die glas
voel ek tussen die boom en die bas.
My voete slinger vyf rye spore.
'n Babelaas word gebore.

kaarthuis
14 September 2006

Gevoelens
van
woede,
teleurstelling
en
magteloosheid
'n dobbelsteen van buite beheer omstandighede
rol teen die delikate mure van die kaarthuis vas…
jy't vertroulikhede versprei
onsamehangende verskonings
val op dowe ore
jy's met 'n los mond gebore
altyd op soek na gehore
wil die middelpunt wees van talle ore
hartens en klawers wat in alle rigtings spat
die kaarthuis lê plat

die seer van onthou

My gedagtes karring weer in die verlede rond vandag…
krap in ou wonde; ontbloot rou senuweepunte;
met 'n groot uitveër bly my vreugde in die slag.

My gedagtes trap in ou wonde; ontbloot, onthou elke diep seermaak woord;
Vertwyfeling van die verlede krap met sy lang, swart naels in my vlees;
Plotseling vloei helderrooi straaltjies uit die diep geborge kamers van my hart…

My gedagtes kerf onthou jy nogs in eina-hale oor die lengte van my sielekoord;
Die donker blou-swart steenkoolnag omsoom my wese-wees;
Verkeerde besluite skadu elke tree; nagevolge verkleef met my smart…

My dwarrelende gedagtes monster my vrese tot lewensgroot;
onoorwinlike gedrogte kap siedend na my gebroke gees;
Denkbeeldige beelde van wat kon wees maar nooit kan nie bly my tart…

My gedagtes karring weer in die verlede rond vandag…
Groet ou koeie in die donker put van onthou,
Als is grou.

'n Swart kraai se gekras kryt die dood van 'n geliefde uit,
nat spoortjies van seer biggel teen my wang uit…

In die kou van onthou
9 Februarie 2007

Blou lê die berge doer…
My hart is seer;
gedagtes deurmekaar geroer.
'n Sekelmaan beur deur die skeur.

Ek mis jou…
Waar's jy nou?
Sonder jou is die dagbreek vaal;
herinneringe kaal;
het die rose geen geur;
het die reënboog geen kleur.

In die kou van onthou
mis ek jou.
Waar's jy nou?
Bloed in my are grou;
Keel vernou;
Hartswond rou.

In die kou van onthou
is die dag blou,
mis ek jou.
Koud is die staal van die kou.

Los my alleen

Bêre my trane in 'n fles -
'n blou, glasfles.
Sal die boepens groot genoeg wees
om die tranevloed te kan hou?
Skryf al jou seermaakwoorde op 'n boekrol –
'n vergeelde papirusrol.
Sal ek steeds die seermaakwoorde onthou?
Laat my alleen
Op jou kan ek nie steun
Emosioneel kan en nie op jou leun
My gevoel vir jou het midde-in my hart versteen
Vir jou sal ek nooit weer vertrou.

Vry!
18 September 2014

Die alleenheid agter muur en glas;
Die oneindige leemtes wat daar eens was;
Die ruimte is gevul met vryheid, aanvaarding en lag;
Die gits-stikdonker het plek gemaak vir 'n nuwe dag.

Die geroeste slotte aan die kamers van my hart;
Die beknopte selle agter tralies van lyding en smart;
Die seer het ontsnap, losgekom, uiteindelik vry;
My siel is losgeknoop; die verlede vir goed verby.

Reflection
14 December 2009

Light pierces through the darkness
Dawn opens her blue eyes
Cheeks pink on the horizon
clean freshness at her feet.
I'm feeling somewhat restless
As the year says its goodbyes
Where will we go from here on?
As the New Year comes to greet?
Reflecting on the old year
The songs, the laughs, the wine
Remembering dear companions,
A friend or two, a rhyme.
Reflecting on the New Year,
Being grateful for what is mine.
Setting goals for every new day
Shaking hands with the master of time.

Soos mos
6 April 2020

Die mense wat ek liefhet
Kom groei op my soos mos
Kom plak op my einas 'n pleister
Maak 'n fladdering in my binneste los.

Die mense wat ek liefhet
My hartsmense sal my nimmer laat los
Altyd daar met bemoedigende fluister
Om boodskappies van liefde te los.

Die mense wat ek liefhet
Skop jy nie uit agter elke bos
Hul laat my nooit in die duister
Maar groei welig op my hart soos mos.

Glow
1 May 2022

Mountains slip into a deep blue hue, there is no resistance
as the road of grief disappears in the distance.
A voice prepares the way
for change as the sun sets on yesterday.
The reed stretches out to brush over the face
of the rock's abrasive, grey surface.
As I look up to the Southern Cross signalling in the skies
the expectation of deliverance mists up in my eyes
A ladybird spreads her wings and begin to soar
from solitary confinement towards an open door.
The new moon creeps from its hiding place surrounded by a golden glow,
It introduces a new chapter of ebb and flow.

www.ingramcontent.com/pod-product-compliance
Lightning Source LLC
Chambersburg PA
CBHW050915160426
43194CB00011B/2420